Nossa Senhora da Luz

Maria Belém, fsp

Nossa Senhora da Luz
História e novena

Paulinas

Citações bíblicas: Bíblia Sagrada – tradução da CNBB, 2ª ed., 2002.
Editora responsável: Celina Weschenfelder
Equipe editorial

2ª edição – 2007
6ª reimpressão – 2025

Nenhuma parte desta obra poderá ser reproduzida ou transmitida por qualquer forma e/ou quaisquer meios (eletrônico ou mecânico, incluindo fotocópia e gravação) ou arquivada em qualquer sistema ou banco de dados sem permissão escrita da Editora. Direitos reservados.

Cadastre-se e receba nossas informações
paulinas.com.br
Telemarketing e SAC: 0800-7010081

Paulinas

Rua Dona Inácia Uchoa, 62
04110-020 – São Paulo – SP (Brasil)
📞 (11) 2125-3500
✉ editora@paulinas.com.br

© Pia Sociedade Filhas de São Paulo – São Paulo, 2005

Introdução

A devoção a Maria Santíssima com a invocação Nossa Senhora da Luz teve seu início no século 15. Eram os tempos das grandes navegações e da expansão do império dos europeus, os quais ainda não conheciam as Américas.

O culto a Maria sob o signo da Luz surgiu em meio a uma história singela e singular: ao ser aprisionado pelos mouros, um senhor português, muito devoto de Nossa Senhora, invocou com fé a proteção da Mãe de Deus, a qual o libertou.

Essa devoção se espalhou pelo mundo todo e também chegou ao Brasil, especialmente por obra dos beneditinos e jesuítas. São mais de vinte igrejas dedicadas a Nossa Senhora da Luz, nas quais é venerada como a Mãe do Salvador, pois só Jesus é a verdadeira luz que guia e encaminha a todos que o seguem para o porto seguro da salvação.

A imagem de Nossa Senhora da Luz é aquela que surgiu em Portugal, em 1453. A Senhora traz o Menino Jesus em seus braços, embora às vezes apareça com uma vela na mão direita. Maria transmite à humanidade a mais valiosa e resplandecente luz na pessoa de seu Filho divino que no Evangelho se autodefiniu dizendo: "Eu sou a luz do Mundo. Quem me segue não caminha nas trevas, mas terá a luz da vida" (Jo 8,12). Realmente a luz mais perfeita e luminosa está nos braços de Maria, luz que ilumina nossos caminhos e aquece nossos corações tanto nas horas de alegria como nas de incerteza.

O presente livro quer levar ao leitor um maior conhecimento da história de Nossa Senhora da Luz e proporcionar-lhe momentos de reflexão e oração sobre a Mãe de Jesus, o Filho de Deus e verdadeira luz da humanidade.

PRIMEIRO DIA

A luz

Em nome do Pai, do Filho e do Espírito Santo. Amém.

Um pouco de história

A história de Nossa Senhora da Luz, como vimos, remonta ao ano de 1453 e está ligada a Portugal. Conta-se que Pedro Martins, um português de origem humilde, nascido em Carnide, possuía em Algarve terras herdadas por sua mulher. Certa vez, visitando suas propriedades, foi aprisionado pelos mouros e levado para o norte da África. Nessa ocasião, em Carnide, começou a aparecer sobre a fonte Machado uma luz misteriosa, cuja origem era desconhecida. Moradores de Lisboa e arredores acorriam curiosos para ver a tal luz e já chamavam o lugar de "a Luz".

Reflexão

"O povo que ficava nas trevas viu uma grande luz, para os habitantes da região sombria da morte uma luz surgiu" (Mt 4,16).

A luz de Deus surge nos lugares mais impensados e surpreendentes para favorecer seus filhos. Errante no deserto, o povo eleito era orientado pela luz de Javé. Uma nuvem luminosa guiava os passos de seu povo e ainda hoje continua guiando aqueles que o buscam de coração sincero.

Oração

Ó Deus misericordioso, olhai para a humanidade envolta nas trevas dos egoísmos, injustiças, corrupções e violências. Concedei que, por intercessão de sua Mãe, a Virgem da Luz, essas trevas se dissipem e surja para nós o sol da justiça e do amor, que nos guia para o caminho do bem.

Nossa Senhora da Luz, somos vossos filhos e vossas filhas, preservai-nos das trevas do mal e do pecado. Concedei-nos a luz da fé e da esperança e inflamai nossos corações com o fogo divino a fim de que possamos amar a Jesus e torná-lo amado por todos. Com fé fortalecida e grande humildade, neste momento, faço meu pedido e agradeço desde já a vossa imensa misericórdia. Amém.

A luz nos Salmos

"Levanta sobre nós, Senhor, a luz da tua face. Deste mais alegria ao meu coração do que àqueles que têm muito trigo e vinho" (Sl 4,7-8).

Pai-Nosso, Ave-Maria e Glória-ao-Pai...

SEGUNDO DIA

Pedro é libertado

Em nome do Pai, do Filho e do Espírito Santo. Amém.

Um pouco de história

Pedro Martins, desolado em seu cativeiro, lembrou-se de invocar, com fervor, a Virgem Maria, socorro dos aflitos e esperança dos desesperados. Nossa Senhora ouviu as orações de Pedro e, por trinta noites, apareceu-lhe para o consolar. Na última noite, prometeu que na manhã seguinte ele estaria em sua terra natal, Carnide, Portugal. Porém, lá, ele deveria procurar, orientado por uma luz, uma imagem da Virgem Santíssima e erguer no local uma ermida em sua homenagem. Conforme a promessa de Maria Santíssima, no dia seguinte, Pedro acordou em sua cidade natal.

Reflexão

"Porque meus olhos viram a tua salvação, que preparaste diante de todos os povos: luz para iluminar as nações" (Lc 2,30-32).

Por meio de Maria Santíssima, Pedro Martins viu as maravilhas operadas por Deus e acreditou firmemente na ajuda divina. Entrou em sintonia com a bondade de Deus, que quer ver seus filhos e filhas salvos e felizes. Não duvidou do poder de intercessão da Virgem Maria e, assim, suas súplicas foram ouvidas e atendidas.

Oração

Ó Deus de bondade e luz da salvação, concedei-nos grande fé e confiança em vosso amor de Pai, que não abandona jamais seus filhos.

Nossa Senhora da Luz, somos vossos filhos e vossas filhas, preservai-nos das trevas do mal e do pecado. Concedei-nos a luz da fé e da esperança e inflamai nossos corações com o fogo divino a fim de que possamos amar a Jesus e torná-lo amado por todos. Com fé fortalecida e grande humildade, neste momento, faço meu pedido e agradeço desde já a vossa imensa misericórdia. Amém.

A luz nos Salmos

"Olha, responde-me, Senhor, meu Deus, conserva a luz a meus olhos, para que eu não durma o sono da morte..." (Sl 13,4).

Pai-Nosso, Ave-Maria e Glória-ao-Pai...

TERCEIRO DIA
A Senhora da Luz

Em nome do Pai, do Filho e do Espírito Santo. Amém.

Um pouco de história

Em agradecimento ao miraculoso retorno, Pedro, auxiliado por um parente, iniciou a busca da imagem da Virgem Maria. Havia realmente uma luz que brilhava sobre a fonte e que se deslocava, como se quisesse orientá-los. Seguiram o facho luminoso até que, em determinado lugar, parou. Procuraram entre as pedras e encontraram, de fato, uma imagem de Maria Santíssima. A notícia espalhou-se rapidamente, e todos queriam ver e invocar a Virgem Santa, a Senhora da Luz!

Reflexão

"Jesus falou ainda: Eu sou a luz do mundo. Quem me segue não caminha nas trevas, mas terá a luz da vida" (Jo 8,12).

Quem caminha orientado pela luz de Deus certamente estará no caminho preciso e seguro. Apesar das dificuldades e incertezas, Pedro seguiu na busca do sinal apontado pela Virgem Santíssima. Os obstáculos não devem deter nossa caminhada para o bem.

Oração

Ó Deus de bondade e misericórdia, fazei brilhar cada dia mais vossa luz de orientação e conforto em nossas vidas. Dai-nos a graça de não nos afastarmos jamais da direção certa de vossa luz.

Nossa Senhora da Luz, somos vossos filhos e vossas filhas, preservai-nos das trevas do mal e do pecado. Concedei--nos a luz da fé e da esperança e inflamai nossos corações com o fogo divino a fim de que possamos amar a Jesus e torná-lo amado por todos. Com fé fortalecida e grande humildade, neste momento, faço meu pedido e agradeço desde já a vossa imensa misericórdia. Amém.

A luz nos Salmos

"Surge nas trevas como luz para os justos, ele é bom, misericordioso e justo. Feliz quem é compassivo e empresta, administra seus bens com justiça" (Sl 112,4-5).

Pai-Nosso, Ave-Maria e Glória-ao-Pai...

QUARTO DIA

Primeira ermida

Em nome do Pai, do Filho e do Espírito Santo. Amém.

Um pouco de história

Com autorização do bispo de Lisboa, Pedro Martins iniciou a construção da ermida que, em seguida, foi substituída por um suntuoso templo inaugurado em 1596. A festa de Nossa Senhora da Luz passou a ser celebrada anualmente com grande solenidade, e suas despesas eram custeadas pelos nobres portugueses. Porém, esse grandioso santuário foi totalmente destruído pelo terremoto que assolou Lisboa em 1755. Esta catástrofe, contudo, deu origem ao Santuário de

Nossa Senhora da Luz em Diamantina, Minas Gerais, no Brasil.

Reflexão

"E a Palavra era Deus. [...] Nela estava a vida, e a vida era a luz dos homens. E a luz brilha nas trevas, e as trevas não conseguiram dominá-la" (Jo 1,1.4-5).

A luz de Deus brilha sempre e em todo lugar. É necessário que nos coloquemos à disposição do Senhor para que sua luz se propague e clareie o mundo e todas as pessoas.

Oração

Ó Deus da Luz, que vossa Palavra oriente nossas vidas. Que ela seja luz que dissipa as trevas que tentam nos submergir.

Nossa Senhora da Luz, somos vossos filhos e vossas filhas, preservai-nos das trevas do mal e do pecado. Concedei-nos a luz da fé e da esperança e inflamai nossos corações com o fogo divino a fim de que possamos amar a Jesus e torná-lo amado por todos. Com fé fortalecida e grande humildade, neste momento, faço meu pedido e agradeço desde já a vossa imensa misericórdia. Amém.

A luz nos Salmos

"Revestido de majestade e de esplendor, envolto em luz como num manto. Tu estendes o céu como uma tenda, constróis sobre as águas tuas moradas..." (Sl 104,1-3).

Pai-Nosso, Ave-Maria e Glória-ao-Pai...

QUINTO DIA

A Senhora da Luz no Brasil

Em nome do Pai, do Filho e do Espírito Santo. Amém.

Um pouco de história

Conta-se que uma distinta senhora, dona Teresa de Jesus Corte Real – cujo esposo fora designado para vir ao Brasil explorar diamantes –, durante o terremoto, suplicou ardentemente a proteção de Nossa Senhora da Luz, e sua fé foi prontamente recompensada. Deus, por intercessão da Virgem Santa, a salvou juntamente com toda sua família e empregados domésticos. Em agradecimento pela grande proteção, ela prometera à Mãe de Deus erigir uma capela a Senhora da Luz se conseguissem chegar ao Brasil sãos e salvos. E foi assim que, em terras brasileiras, surgiu mais uma igreja dedicada a Nossa Senhora da Luz.

Reflexão

"Examina, pois, se a luz em ti não são trevas! Se então teu corpo estiver todo cheio de luz, sem traço algum de escuridão, ficarás totalmente iluminado, como acontece quando a lâmpada te ilumina com seu clarão" (Lc 11,35-36).

Dona Teresa confiou em Deus e na Virgem Santa. Quando nossa fé é forte e inabalável, as dificuldades são vencidas e nossa vida se torna totalmente luminosa.

Oração

Ó Deus, luz de nossas vidas, concedei-nos a vossa proteção para que a escuridão da doença e das calamidades nunca nos domine.

Nossa Senhora da Luz, somos vossos filhos e vossas filhas, preservai-nos das trevas do mal e do pecado. Concedei-nos a luz da fé e da esperança e inflamai nossos corações com o fogo divino a fim de que possamos amar a Jesus e torná-lo amado por todos. Com fé fortalecida e grande humildade, neste momento, faço meu pedido e agradeço desde já a vossa imensa misericórdia. Amém.

A luz nos Salmos

"Entrega ao Senhor o teu futuro, espera nele, que ele vai agir. Fará brilhar como luz tua justiça e o teu direito como o meio-dia. Descansa no Senhor e nele espera" (Sl 37,5-7).

Pai-Nosso, Ave-Maria e Glória-ao-Pai...

SEXTO DIA

Nossa Senhora da Luz em São Paulo

Em nome do Pai, do Filho e do Espírito Santo. Amém.

Um pouco de história

No Brasil, a igreja mais antiga dedicada a Nossa Senhora da Luz foi fundada em São Paulo, em 1579, no bairro do Ipiranga; posteriormente, em 1603, transferida para o bairro da Luz. Essa igreja acompanhou toda a história da cidade de São Paulo. Ao lado da capela, funcionava o Recolhimento da Luz, obra assistencial fundada por um grupo de religiosas. Mais tarde, em 1784, por iniciativa do frei Antonio de Sant´Anna Galvão, foi construído o Convento da Luz, hoje sob os cuidados das Irmãs Concepcionistas. Após várias reformas e adaptações, tanto a igreja como o convento, em grande parte, foram transformados no Museu de Arte Sacra.

Reflexão

"Vós sois a luz do mundo. [...] Não se acende uma lâmpada para colocá-la debaixo de uma caixa, mas sim no candelabro, onde ela brilha para todos os que estão em casa. Assim também brilhe a vossa luz diante das pessoas, para que vejam as vossas boas obras e louvem o vosso Pai que está nos céus" (Mt 5,14-16).

No início de nossa história está a luz de Jesus e de Maria nos iluminando. As boas obras são frutos de uma vida iluminada pela graça e pelo amor de Deus e dos irmãos.

Oração

Ó Deus de bondade, iluminai nossas vidas com a luz de vossa justiça e graça, de vosso amor e compaixão. Que as nossas boas obras brilhem diante de todos para a glória de vosso nome.

Nossa Senhora da Luz, somos vossos filhos e vossas filhas, preservai-nos das trevas do mal e do pecado. Concedei-nos a luz da fé e da esperança e inflamai nossos corações com o fogo divino a fim de que possamos amar a Jesus e torná-lo amado por todos. Com fé fortalecida e grande humildade, neste momento, faço meu pedido e agradeço desde já a vossa imensa misericórdia. Amém.

A luz nos Salmos

"Surge uma luz para o justo e a alegria para os retos de coração. Alegrai-vos, justos, no Senhor, celebrai sua santa memória" (Sl 97,11-12).

Pai-Nosso, Ave-Maria e Glória-ao-Pai...

SÉTIMO DIA
Nossa Senhora da Luz no Paraná

Em nome do Pai, do Filho e do Espírito Santo. Amém.

Um pouco de história

O culto a Nossa Senhora da Luz, difundido pelos jesuítas e beneditinos no Brasil, expandiu-se por vários Estados, principalmente pelo Rio de Janeiro, Paraná e Rio Grande do Sul. Importante e vibrante é a devoção vivida na cidade de Curitiba. A veneração começou em uma capela onde ocorreram vários milagres. De acordo com uma lenda, os bandeirantes, atraídos pelo ouro e comandados por Antônio Domingues, dirigindo-se ao Sul do país, estabeleceram-se além do local chamado Pinhais (Curitiba), onde levantaram uma ermida a Senhora da Luz. Contudo, a imagem de Maria venerada na ermida aparecia sempre com os olhos voltados para os Pinhais. Tal foi a insistência da Virgem Maria, que os sertanejos resolveram conquistar os Pinhais, habitados até então por indígenas ferozes. Porém não foi preciso lutar, pois foram bem recebidos pelos nativos que, em seguida, viveram em paz com os brancos sob o olhar e proteção da Virgem da Luz.

Reflexão

"Ora, o julgamento consiste nisto: a luz veio ao mundo, mas as pessoas amaram mais as trevas do que a luz, porque as suas obras eram más. Pois todo o que pratica o mal odeia a luz e não se aproxima da luz, para que suas ações não sejam denunciadas" (Jo 3,19-20).

Quem está no erro e no pecado tem medo da luz, porque representa uma denúncia da maldade e da corrupção. Maria Santíssima é a Mãe da luz, da bondade e do perdão.

Oração

Ó Deus misericordioso e fiel, concedei a vossos filhos e filhas a graça de viver sempre em paz com os semelhantes.

Nossa Senhora da Luz, somos vossos filhos e vossas filhas, preservai-nos das trevas do mal e do pecado. Concedei-nos a luz da fé e da esperança e inflamai nossos corações com o fogo divino a fim de que possamos amar a Jesus e torná-lo amado por todos. Com fé fortalecida e grande humildade, neste momento, faço meu pedido e agradeço desde já a vossa imensa misericórdia. Amém.

A luz nos Salmos

"Envia tua luz e tua fidelidade: que elas me guiem, me conduzam ao teu monte santo, à tua morada. Irei ao altar de Deus, ao Deus que é minha alegria e meu júbilo..." (Sl 43,3-4).

Pai-Nosso, Ave-Maria e Glória-ao-Pai...

OITAVO DIA
Cidade de Luz

Em nome do Pai, do Filho e do Espírito Santo. Amém.

Um pouco de história

Ainda no estado de Minas Gerais, numa cidade pouco conhecida, ocorre a veneração a Nossa Senhora da Luz. Em 1790, na cidade de Luz, em uma capelinha, a Mãe de Deus era invocada e venerada pelo povo como luz de suas vidas. Bem mais tarde, em 1995, essa capela, então sede da Diocese, teve o privilégio de receber de Portugal uma escultura preciosa de sua padroeira; em mármore branco, retrata a imagem original que está em Carnide. Foi recebida e acolhida em meio a grandes festejos e entronizada na nova e majestosa catedral, onde abençoa seus filhos e filhas como Mãe e Rainha da luz que traz a paz.

Reflexão

"João veio como testemunha, a fim de dar testemunho da luz, para que todos pudessem crer, por meio dele. Não era ele a luz, mas veio para dar testemunho da luz. Esta era a luz verdadeira, que vindo ao mundo a todos ilumina" (Jo 1,7-9).

A imagem branca da Virgem da Luz indica a todos o verdadeiro caminho e ilumina os passos de seus filhos e devotos nas jornadas por este mundo.

Oração

Ó Senhor, cheio de poder e de bondade, concedei a todos nós, principalmente a nossos irmãos mais carentes, a graça de acolhermos, com espírito generoso, a vossa luz.

Nossa Senhora da Luz, somos vossos filhos e vossas filhas, preservai-nos das trevas do mal e do pecado. Concedei-nos a luz da fé e da esperança e inflamai nossos corações com o fogo divino a fim de que possamos amar a Jesus e torná-lo amado por todos. Com fé fortalecida e grande humildade, neste momento, faço meu pedido e agradeço desde já a vossa imensa misericórdia. Amém.

A luz nos Salmos

"Lâmpada para meus passos é tua palavra e luz no meu caminho. Jurei, e o confirmo, guardar tuas justas normas" (Sl 119,105-106).

Pai-Nosso, Ave-Maria e Glória-ao-Pai...

NONO DIA

Veneração a Nossa Senhora da Luz

Em nome do Pai, do Filho e do Espírito Santo. Amém.

Um pouco de história

Anualmente, nossa Senhora da Luz é venerada por centenas de devotos que lotam as igrejas, fazem procissões pelas ruas e a proclamam a Mãe de Jesus – a verdadeira luz da humanidade e também nossa Mãe bondosa. Ela é realmente a aurora da salvação que precede o Sol divino. Por meio dela, veio ao mundo a luz que é Jesus Cristo.

A festa de Nossa Senhora da Luz é celebrada, todos os anos, em 8 de setembro, nas dezenas de igrejas a ela dedicadas no

Brasil, como ocorre na cidade de Curitiba, onde a comissão de liturgia da diocese preparou missa própria para a solenidade, com orações especiais a Nossa Senhora Luz. É a luz de Jesus chegando a todos por meio de Maria Santíssima.

Reflexão

"Quem me vê, vê aquele que me enviou. Eu vim ao mundo como luz, para que todo aquele que crê em mim não permaneça nas trevas" (Jo 12,45-46).

A veneração de Nossa Senhora da Luz ocorre em todo o Brasil. Com a verdadeira luz e salvação da humanidade, ela quer levar todo fiel devoto a encontrar Jesus Cristo, o enviado do Pai celeste.

Oração

Ó Deus, nosso Pai, protegei vossos filhos e filhas que ainda se encontram peregrinando nesta terra e fazei que um dia possamos fazer parte de vosso Reino de Luz!

Nossa Senhora da Luz, somos vossos filhos e vossas filhas, preservai-nos das trevas do mal e do pecado. Concedei-nos a luz da fé e da esperança e inflamai nossos corações com o fogo divino a fim de que possamos amar a Jesus e torná-lo amado por todos. Com fé fortalecida e grande humildade, neste momento, faço o meu pedido e agradeço desde já a vossa imensa misericórdia. Amém.

A luz nos Salmos

"O Senhor é minha luz e minha salvação; de quem terei medo? O Senhor é quem defende a minha vida; a quem temerei?" (Sl 27,1).

Pai-Nosso, Ave-Maria e Glória-ao-Pai...

CANTOS

Maria de Nazaré

Pe. Zezinho, scj
CD-6615-0 (Paulinas/COMEP)

Maria de Nazaré,
Maria me cativou.
Fez mais forte a minha fé
e por filho me adotou.
Às vezes eu paro e fico a pensar,
e sem perceber me vejo a rezar,
e meu coração se põe a cantar,
pra Virgem de Nazaré.
Menina que Deus amou e escolheu
pra mãe de Jesus, o Filho de Deus.
Maria que o povo inteiro elegeu,
senhora e mãe do céu.

Ave, Maria, Ave, Maria!
Ave, Maria, Mãe de Jesus!

Maria que eu quero o bem,
Maria do puro amor.
Igual a você ninguém,
mãe pura do meu Senhor.
Em cada mulher que a terra criou
um traço de Deus Maria deixou,
um sonho de mãe Maria plantou
pro mundo encontrar a paz.
Maria que fez o Cristo falar,
Maria que fez Jesus caminhar,
Maria que só viveu pra seu Deus,
Maria do povo meu.

Imaculada, Maria do povo

CD 12023-5 (Paulinas/COMEP)

Imaculada, Maria de Deus,
coração pobre acolhendo Jesus.
Imaculada, Maria do povo,
Mãe dos aflitos que estão junto à cruz!

Um coração que era "sim" para a vida,
um coração que era "sim" para o irmão,
um coração que era "sim" para Deus:
Reino de Deus renovando este chão.

Olhos abertos pra sede do povo,
passo bem firme que o medo desterra,
mãos estendidas que os tronos renegam:
Reino de Deus que renova esta terra!

Faça-se, ó Pai, vossa plena vontade,
que os nossos passos se tornem memória
do amor fiel que Maria gerou:
Reino de Deus atuando na história!

Coleção Nossas Devoções

- *Os Anjos de Deus: novena* – Francisco Catão
- *Dulce dos Pobres: novena e biografia* – Marina Mendonça
- *Francisco de Paula Victor: história e novena* – Aparecida Matilde Alves
- *Frei Galvão: novena e história* – Pe. Paulo Saraiva
- *Imaculada Conceição* – Francisco Catão
- *Jesus, Senhor da vida: dezoito orações de cura* – Francisco Catão
- *João Paulo II: novena, história e orações* – Aparecida Matilde Alves
- *João XXIII: biografia e novena* – Marina Mendonça
- *Maria, Mãe de Jesus e Mãe da Humanidade: novena e coroação de Nossa Senhora* – Aparecida Matilde Alves
- *Menino Jesus de Praga: história e novena* – Giovanni Marques Santos
- *Nhá Chica: Bem-aventurada Francisca de Paula de Jesus* – Aparecida Matilde Alves
- *Nossa Senhora Aparecida: história e novena* – Maria Belém
- *Nossa Senhora da Cabeça: história e novena* – Mario Basacchi
- *Nossa Senhora da Luz: novena e história* – Maria Belém
- *Nossa Senhora da Penha: novena e história* – Maria Belém
- *Nossa Senhora da Salete: história e novena* – Aparecida Matilde Alves
- *Nossa Senhora das Graças ou Medalha Milagrosa: novena e origem da devoção* – Mario Basacchi
- *Nossa Senhora de Caravaggio: história e novena* – Leomar A. Brustolin e Volmir Comparin
- *Nossa Senhora de Fátima: novena* – Tarcila Tommasi
- *Nossa Senhora de Guadalupe: novena e história das aparições a São Juan Diego* – Maria Belém
- *Nossa Senhora de Nazaré: novena e história* – Maria Belém
- *Nossa Senhora Desatadora dos Nós: história e novena* – Frei Zeca
- *Nossa Senhora do Bom Parto: novena e reflexões bíblicas* – Mario Basacchi
- *Nossa Senhora do Carmo: novena e história* – Maria Belém
- *Nossa Senhora do Desterro: história e novena* – Celina Helena Weschenfelder
- *Nossa Senhora do Perpétuo Socorro: história e novena* – Mario Basacchi
- *Nossa Senhora Rainha da Paz: história e novena* – Celina Helena Weschenfelder

- *Novena à Divina Misericórdia* – Tarcila Tommasi
- *Novena das Rosas: história e novena de Santa Teresinha do Menino Jesus* – Aparecida Matilde Alves
- *Novena em honra ao Senhor Bom Jesus* – José Ricardo Zonta
- *Ofício da Imaculada Conceição: orações, hinos e reflexões* – Cristóvão Dworak
- *Orações do cristão: preces diárias* – Celina Helena Weschenfelder
- *Padre Pio: novena e história* – Maria Belém
- *Paulo, homem de Deus: novena de São Paulo Apóstolo* – Francisco Catão
- *Reunidos pela força do Espírito Santo: novena de Pentecostes* – Tarcila Tommasi
- *Rosário dos enfermos* – Aparecida Matilde Alves
- *Rosário por uma transformação espiritual e psicológica* – Gustavo E. Jamut
- *Sagrada Face: história, novena e devocionário* – Giovanni Marques Santos
- *Sagrada Família: novena* – Pe. Paulo Saraiva
- *Sant'Ana: novena e história* – Maria Belém
- *Santa Cecília: novena e história* – Frei Zeca
- *Santa Edwiges: novena e biografia* – J. Alves
- *Santa Filomena: história e novena* – Mario Basacchi
- *Santa Gemma Galgani: história e novena* – José Ricardo Zonta
- *Santa Joana d'Arc: novena e biografia* – Francisco de Castro
- *Santa Luzia: novena e biografia* – J. Alves
- *Santa Maria Goretti: história e novena* – José Ricardo Zonta
- *Santa Paulina: novena e biografia* – J. Alves
- *Santa Rita de Cássia: novena e biografia* – J. Alves
- *Santa Teresa de Calcutá: biografia e novena* – Celina Helena Weschenfelder
- *Santa Teresinha do Menino: novena e biografia* – Jesus Mario Basacchi
- *Santo Afonso de Ligório: novena e biografia* – Mario Basacchi
- *Santo Antônio: novena, trezena e responsório* – Mario Basacchi
- *Santo Expedito: novena e dados biográficos* – Francisco Catão
- *Santo Onofre: história e novena* – Tarcila Tommasi
- *São Benedito: novena e biografia* – J. Alves

- *São Bento: história e novena* – Francisco Catão
- *São Brás: história e novena* – Celina Helena Weschenfelder
- *São Cosme e São Damião: biografia e novena* – Mario Basacchi
- *São Cristóvão: história e novena* – Mário José Neto
- *São Francisco de Assis: novena e biografia* – Mario Basacchi
- *São Francisco Xavier: novena e biografia* – Gabriel Guarnieri
- *São Geraldo Majela: novena e biografia* – J. Alves
- *São Guido Maria Conforti: novena e biografia* – Gabriel Guarnieri
- *São José: história e novena* – Aparecida Matilde Alves
- *São Judas Tadeu: história e novena* – Maria Belém
- *São Marcelino Champagnat: novena e biografia* – Ir. Egídio Luiz Setti
- *São Miguel Arcanjo: novena* – Francisco Catão
- *São Pedro, Apóstolo: novena e biografia* – Maria Belém
- *São Peregrino daziosi* – Tarcila Tommasi
- *São Roque: novena e biografia* – Roseane Gomes Barbosa
- *São Sebastião: novena e biografia* – Mario Basacchi
- *São Tarcísio: novena e biografia* – Frei Zeca
- *São Vito, mártir: história e novena* – Mario Basacchi
- *A Senhora da Piedade: setenário das dores de Maria* – Aparecida Matilde Alves
- *Tiago Alberione: novena e biografia* – Maria Belém